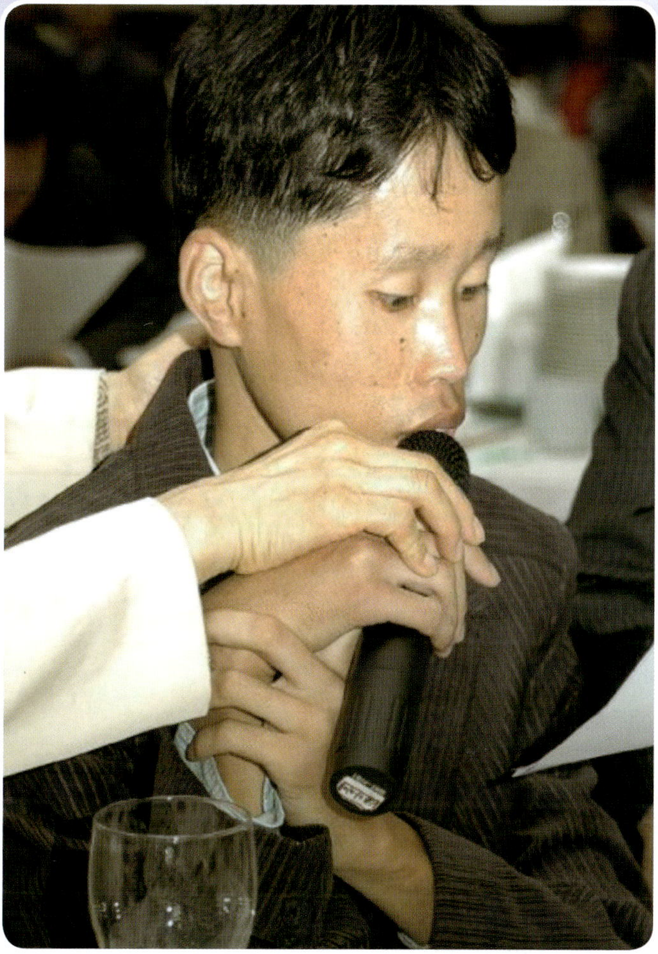

문학을 요리하는 작가 한상식

<국제신문> 신춘문예 당선
'서른, 희망을 보았다'(2004. 12. 31.)

<국제신문>
박현주의 그곳에서 만난 책(2022. 08. 21.)

대만, 타이중(조명하 의사 의거지)에서

양산시립 중앙도서관에 걸린 '작가와의 만남' 현수막

양산시립 중앙도서관에 마련된 한상식 작가 도서대(圖書臺)

양산시립 서창도서관에 세워진 '올해의 책' 홍보 입간판

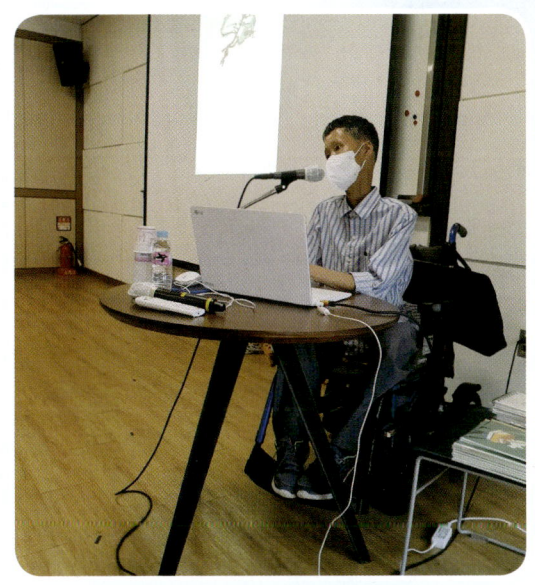

양산시립 서창도서관 '작가와의 만남'

초등학교 강연

만해 한용운 <님의 침묵> 시비(詩碑) 앞에서

누구 시리즈

 문학적 초상화 프로젝트

2025년 <누구?!시리즈10>을 발간하며

궁금증이 감탄으로 변하게 하는 이야기를 담은 작은 인문학도서 <누구?!시리즈>를 기획하게 되었다. 인문학이란 사람의 이야기를 기본으로 하는데 그 삶에서 장애는 비장애인들이 경험하지 못한 특별한 이야기여서 사람들에게 감동을 준다.

특히 장애인예술은 장애예술인의 삶 속에서 녹아 나온 창작이라서 장애예술인 이야기를 책으로 만드는 <누구?!시리즈>는 꼭 필요한 작업이다. 이 책은 장애예술인의 활동을 알리는 소중한 자료가 될 것이기에 <누구?!시리즈> 100권 발간 목표를 세웠다. 의문과 감탄을 동시에 나타내는 기호 인테러뱅(interrobang)이 <누구?!시리즈>를 통해 새로운 감성으로 확산될 것으로 믿는다.

<누구?!시리즈 100>이 완간되면 한국을 빛내는 장애예술인 100인이 탄생하여 장애인예술의 진가를 인정받게 될 것이며, 100인의 장애예술인을 해외에 소개하면 한국장애인예술의 우수성이 K-컬처의 새로운 화두가 될 것이다.

_ (사)한국장애예술인협회

누구 ❗ 시리즈 43

문학을 요리하는 작가 한상식
한상식 지음

초판1쇄 발행 2025년 11월 20일

지은이 한상식
펴낸이 석창우
펴낸곳 한국장애예술인협회(KDAA)
등 록 2025년 5월 7일
주 소 서울시 금천구 서부샛길 606, 대성지식산업센터 B동 2506-2호
전 화 (02)861-8848
팩 스 (02)861-8849
홈주소 www.emiji.net
이메일 klah1990@daum.net

값 12,000원

ISBN 979-11-993059-4-6 03810

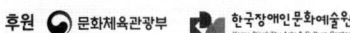

누구! 시리즈 43

문학을 요리하는 작가 한상식

한상식 지음

자연으로 글을 빚어 세상을 비추다

혹, 제 글이 독자들에게 의미 없는 빈 쭉정이가 될까, 걱정이 되고
더 좋은 글은 어떤 글일까, 하고 고민도 합니다.
저의 책을 읽고 감동을 받고, 더 많은
책을 읽는 사람들이 많았으면 하는 소망이 생겼습니다.

도서출판 **KDAA**

여는 글

첫 마음을 생각하며…

   언제일까, 생각해 보면 아득하기도 하고 짧기도 합니다. 어떻게 시작했는지 왜 했는지 아직도 그 이유는 잘 모르겠습니다.
   하지만 글이 있었기에, 문학이 있었기에 내가 숨을 쉬고 세상을 바라보며, 우울과 슬픔을 견뎠을지 모릅니다. 물론 그것은 지금도 마찬가지입니다.

   장애로 인해 모든 사회생활이 막히고 고립된 생활을 하고 있었던 나에게 문학이 찾아온 것은 큰 축복이자 괴로움이었습니다. 그 누구도 문학이 무엇인지 글은 어떻게 쓰고 어디서 오는 것인지에 대해 말 한마디 해 줄 사람이 없었습니다. 모든 것은 제 몫이었고 엄청난 시행착오를 겪고 있고 또 겪어야 했습니다.
   그러나 나는 날마다 시를 읽으며 문학의 울타리 속으로 한 발짝씩 발을 들여놓기 시작했습니다. 그땐 그것이 문학 공부인지도 몰랐습니다. 너무나 막막한 시간이었습니다.

오랫동안 시를 써 오던 나에게 동화가 찾아왔습니다. 인터넷을 하게 되고 이곳저곳을 검색하다 아주 우연히 권정생 선생님의 「강아지 똥」을 읽게 되었습니다. 성인문학에 익숙해져 있던 저에게 동화는 잊혀 있었고 큰 감동이 없는, 어린이들만 읽는 글이라는 생각이 깊숙이 자리 잡고 있었습니다. 그러나 「강아지 똥」은 달랐습니다. 읽었을 때도, 읽고 난 후에도 머릿속엔 오랫동안 감동이 남아 있었습니다.

'와, 동화에도 이런 의미가 있는 글이 있구나!'

새삼 동화가 다르게 보이기 시작했습니다.

시와 소설, 수필, 평론, 시 등의 성인문학을 읽으며, 문학 공부를 하고 쓰고, 읽고, 지우고, 외우며 시간을 보내던 난 용기를 내기 시작했습니다. 문학 공모전에 시를 응모하는 것이었습니다.

　결과는 낙방이었지요. 슬펐습니다. 막연한 기대만 있었고 문단의 벽의 두께를 몰랐던 탓이었습니다. 지금 생각해 보면 동시를 선택했으면 좀 더 수월했을 텐데 하는 생각도 듭니다.

　동화를 썼습니다. 단 한 편이었습니다. 그것은 나에게 축복과 괴로움이었고, 행복과 슬픔, 새로운 이름을 갖는 순간이었습니다. 기회를 얻어 첫 책을 출간했습니다. 무엇을 어떻게 해야 하는지, 어떤 글을 써야 하는지, 작가란 무엇인지, 독자들에게 무엇을 말해야 하는지, 정말 아무것도 모른 채 문단이라는 크나큰 세상에 본격적으로 첫발을 내디딘 것이었습니다.

　그렇게 「엄마의 얼굴」이라는 단편동화집을 출간했습니다. 마냥 **기뻤지요.** 내가 작가로 소개된 글이, 그림과 어우러져 한 권의 **책이 된 것이** 신기하기도 했습니다. 지인들에게 책을 주고, 또 책을 받았습니다. 점차 기쁨이 사라지기 시작했습니다.
 다른 작가들에 비해서 저의 글이 초라하기 시작했습니다. 다시 고민과 갈등이 시작되었습니다.

 '난, 과연 어떤 글을 써야 하나, 어떤 글이 내 마음을 담는 글일까….'

 수없는 갈등 끝에, 난 '여느 작가와 다른 길을 가야지.' 하고 생각했습니다. 내가 글을 통해 위로받았던 것처럼 누군가에게 위로가 될 글을 쓰겠다고 다짐했습니다.

2025년 햇살 좋은 어느 날
하상식

차례

여는 글 첫 마음을 생각하며…   12

슬픔의 시간   19
누나가 사 준 시집 한 권   23
혼자서 하는 문학 공부   26
문학의 꿈을 심어 준 솟대문학   31
처음 번 돈, 원고료 만 원   34
신나게 도전하고 좌절이 약이 되고   40
시상식에서 만난 사람들에게 배우다   44
비장애문인과 겨루기   48

저녁 무렵의 전화 한 통	53
신춘문예 당선 후 사이버대학에 가다	58
대학생이 되어 문인들과 만나다	64
문학사업 공모에 선정되어 첫 동화책 출간	70
보이지 않는 벽	83
나의 길을 다시 생각하다	90
오래 남는 글을 쓰는 것이 마지막 소원	99

?

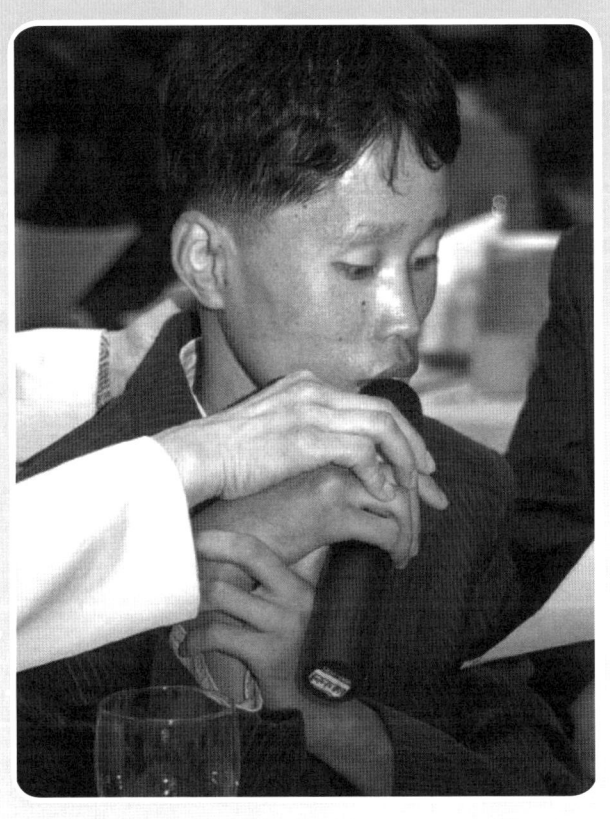

슬픔의 시간

　힘들게 고등학교를 졸업했습니다. 특수학교가 아닌, 일반 인문계 고등학교였습니다. 나는 근육병이었습니다. 다행히 진행이 좀 늦은 편이었지요.
　하지만 고등학교 2학년 말부터 조금씩 힘에 부치기 시작했습니다. 버스 타기나, 계단 오르기, 가방의 무게도 점점 버거워지기 시작했습니다.
　'이것 좀 들어주세요.' 하고 누군가에게 도움을 청하기도 쉽지 않았습니다. 대부분 사람이 도움을 외면했기 때문이었습니다. 또 장애에 대한 시선도 곱지 않은 시절이었습니다. 어릴 적에는 거의 느끼지 못한 것이었는데 이젠 아니었습니다. 혼란의 시간이 찾아온 것이었습니다.
　사실 근육병은 나 혼자만의 문제가 아니었습니다. 형과 누나도 같았기 때문이었습니다. 근육병의 특성상 유전적인 성격이 강한 탓에 환우들의 집 대부분이 우리 집과 같은 비슷한 처지였습니다.

수학능력시험을 마치고 학기가 마무리되어 갈 때쯤이었습니다. 친구들은 대학교에 원서를 넣고 면접을 준비하느라 바빴지만 나는 그러지 못했습니다. 어려운 형편에 대학은 사치였고 갈 생각도 없었습니다. 건강하지 못한 사람에게 대학은 아무 소용이 없었지요. 무엇을 해야 할지도 몰랐고 할 수도 없었습니다. 졸업식에도 가지 않았습니다. 자연스레 친구들과의 관계도 멀어졌고 차츰 외톨이가 되었습니다. 늘 혼자였습니다.

내가 방에서 슬퍼하고 있을 때 친구들은 대학교에 다니며 새로운 친구들과 사귀느라 바쁜 나날을 보내고 있었습니다. 그런 친구들을 보니 괜히 부러웠고 슬펐으며 내가 더 초라해 보였습니다. 하루 종일 라디오를 들으며 외로움과 슬픔을 달랬습니다. 자꾸만 눈물이 났습니다. 건강도 나빠졌습니다. 잘 일어설 수도 없었고 무엇을 먹기조차 힘들어졌습니다.
  세상과의 단절이, 혼자라는 생각이 무섭고 또 무서웠습니다.

그래도 시간은 흘렀고 창가로 해가 지고 달이 떴습니다. 누구 한 사람 찾아오는 이 없어도 해와 달은 꼭 날 찾아왔고 가끔은 새도 찾아와 짧은 울음을 울고 갔습니다. 새의 울음은 짧았지만 내 가슴속엔 오랫동안 남았습니다.
  바람이 불고, 뒷산에서 소쩍새 소리가 들리고 개구리가 울고, 봄이면 앞산이 연초록 나뭇잎들로 살아났습니다. 농부들이 오가고 개들도 다녔습니다.

밖으로 나가지 못해서 창가에 앉아 그것들을 구경했습니다. 계절의 오고 감이 새롭게 다가오기 시작했습니다. 그러다 밤이 되면 습관처럼 또 우울해지고 슬퍼졌습니다.

다른 사람들은 다들 무얼 할까, 모두들 자신의 직업을 통해 꿈이나, 발전, 성장, 돈을 버는데 나는 무엇을 할 수 있을까, 내가 잘하는 건 또 무얼까, 하고 늘 고민에 빠졌습니다. 하나 아무리 고민하고 또 고민해도 답을 찾을 수가 없었습니다.

그러나 육체적으로 약해서, 할 수 있는 일이 없었습니다. 누군가 길을 알려 주는 사람도 없었습니다.

캄캄한 어둠 속에 갇힌 듯했습니다. 길을 잃고 바다를 정처 없이 떠도는 배 같았습니다. 등대 불빛을 찾으려고 아무리 노력해도 불빛은 없었습니다. 나침반도 주어지지 않았습니다. 도시에 살았더라면 조금 낫지 않겠나 싶었지만 그저 꿈일 뿐이었습니다.

나는 포로가 되었다

한상식 몸에 이상이 생긴 것은 고등학교 2학년 무렵이었다. 평지에서도 작은 돌에 넘어지더니 계단을 오를 때 발이 올라가질 않아서 계단을 오르내리는 일이 무척 힘이 들었다. 그러다 학교를 졸업하고는 완전히 주저앉고 말았다.

그는 장애를 예견하고 있었다. 2남 2녀 가운데 누나와 형이 이미 근육병으로 똑같은 과정을 거쳤기 때문이다.

　1975년 경남 양산에서 태어난 한상식은 그가 태어나자마자 어머니가 돌아가셔서 어머니에 대한 기억이 없다. 아버지는 중학교 3학년 때 돌아가셨는데 일본 강제징용자로 노동에 시달리다가 다행히 고향으로 돌아와 어머니와 결혼을 하셨는데 다시 한국전쟁으로 고달픈 시기를 보내셨다.

　시대적 아픔과 장애의 고통을 겪고 있는 가족이지만 서로서로 힘이 되며 성장하였다. 한상식은 외부 활동이 어려워진 후 10년 동안은 소가 되새김질을 하듯이 국어 교과서를 외우다시피 반복해서 읽으며 공부를 했다.

-『E美지』통권 19호(2021)에서

누나가 사 준 시집 한 권

　책장에 있던 교과서들을 정리하기 시작했습니다. 졸업한 지 1년이 지났으니 버릴 때도 되었다 싶었습니다. 아니, 진작에 버렸어야 했습니다. 그러다 우연히 국어책과 문학 교과서를 보게 되었습니다. 버릴까, 하다 그냥 두었습니다. 밤에 잠이 오지 않았습니다. 국어책 속 시를 읽었습니다. 학창 시절에는 별것 아니었는데 글들이 새롭게 다가왔습니다. 이상한 일이었습니다.

　시가 재미있게 읽혔습니다. 소설이 감동적이었습니다. 집에 책이 없었기에, 국어책 속 시를 읽고 또 읽었습니다. 그렇게 자꾸 읽으니, 시가 외워져 버렸습니다. 소설도 그랬습니다. 다른 책을 찾기 시작했습니다. 닥치는 대로 책을 읽었습니다. 이제 더 이상 읽을 책이 없었습니다. 그러던 어느 날이었습니다. 누나가 시집을 사 왔습니다.

"시집이야, 읽어 봐."
"시집이라니?"

  그땐 난 시집을 처음 봤습니다. 누나가 준 시집을 읽고 또 읽었습니다. 외우기도 하고 종이에 써 보기도 했습니다.
  마침 그때는 봄이었는데 돌담을 안고 선 배나무가 하얀 배꽃을 피운 날이었고 가끔씩 배꽃이 분분히 지기도 했습니다. 시와 그날의 풍경이 참 잘 어울려서인지 그 시가 나에게 더 깊이 다가왔습니다.

  그렇게 시를 읽고 쓰기를 하다 우연히 책 뒤 시선집 리스트를 보고 어렵게 책을 사 보았습니다.
  김용택 시인을 비롯해, 신경림, 안도현, 나희덕, 백석, 오장환, 도종환, 이성복, 이상국, 기형도, 박재삼, 신동엽, 이성선 등 수많은 시인의 시를 읽고 감동도 받았습니다. 문득문득 시를 써 보고 싶은 욕구도 생겼습니다. 하지만 읽기는 쉬우나 쓰는 건 그렇지 않았습니다. 너무나 막막하고 어려웠습니다.
  한 줄은커녕 몇 자도 못 쓰는 날도 있었습니다. 머리맡에 놓인 종이와 연필이 마음을 옥죄였습니다. 갈등하고 주저하다 쓰는 것을 포기하고 다시 읽는 것에 집중했습니다.

  그때 마침 컴퓨터가 생겼습니다. 얼마 후엔 인터넷도 할 수 있게 되었습니다. 인터넷은 나의 문학 공부에 큰 날개를 달아 주었습니다. 혼자 컴퓨터 공부를 해서 인터넷을 했습니다. 처음 하는 것이어서, 낯설고 어려웠지만 날마다 하다 보니, 차츰차츰 적응해 나갔습니다. 조금씩 인터넷을 하면서, 이곳저곳을 기웃거리며 글 동냥을 했습니다. 누군가 올려 둔 시를 읽고 새로운 시인들을 알게 되었고 새로운 시도 읽을 수 있었습니다. 그뿐 아니었습니다.

　인터넷은 어떤 문학작품이든지 쉽게 접근할 수 있었고 글을 읽는 폭도 넓힐 수 있었습니다. 나는 소설과 수필, 시조, 평론 등 점점 책을 읽는 장르도 늘었습니다. 돈이 없어 시집 한 권을 사면 읽고 또 읽어 외워 버릴 정도였습니다. 책을 빌려 보고 싶었으나 시골에서 책을 빌려 볼 곳이 없었습니다.

　그즈음 '새날 도서관'을 알았습니다. 장애인들에게 책을 빌려주는 새날 도서관은 책을 빌려주고 우편물 배송비까지 우표로 넣어 주는 세심한 배려를 했습니다. 경제적으로 어려운 장애인들을 위해 마음을 다해 책을 빌려주고 우편물 요금까지 대신 지불해 준 새날 도서관을 나는 지금도 잊지 못합니다.

　새날 도서관에서 나는 한동안 책을 빌려 보았습니다. 시집, 수필, 소설책도 보았습니다. 책이 오고 가는 동안 난 문학이라는 울타리 속으로 조금씩 들어가고 있었습니다.

　슬프고 어두웠던 날들도 잊혀 가고 있었습니다.

혼자서 하는 문학 공부

　혼자 하는 문학 공부는 어렵고 또 어려운 것이었습니다. 어디 문학뿐이랴, 혼자서 무엇을 알아 간다는 건 어쩌면 큰 모험일지 모릅니다. 정성껏 써 둔 내 시가, 글이 왜 시인이나 작가들과는 다를까, 하고 고민한 날들도 너무나 많았습니다.

　'왜 이렇게 쓰지? 그냥 평범하게 쓰면 될 텐데…'
　'있는 그대로 쓰고 느끼며 생각할 수 있는 부분을 독자들에게 주면 될 건데.'

　의아해하고 궁금해하며 많은 시간을 보냈습니다. 실타래처럼 얽힌 것을 푸는 것 같았습니다.
　그렇게 고민하고 또 고민하다 우연히 인터넷에서 시 창작을 하는 시인의 강의를 듣게 되었습니다. 그곳에서 시인은 처음 문학 공부를 하는 문학 지망생들이 궁금해하는 것을 조목조목 짚어 주고 자세히 설명해 주었습니다. 아주 기초적인 부분들이었지만 내가 고민하고 있는 것들을 많이 해결해 주었습니다. 시 창작의 기초를 구입해서 겉듯 꼼꼼히 읽으며 시의 기본을 익혔습니다.
 '시가 모든 문학의 처음이자 마지막이다.'라는 글이 큰 울림으로 다가왔습니다. 시를 알아야 문학을, 시와 글을 쓸 수 있을 것 같았습니다.

 본격적인 습작을 하기 시작했습니다. 시였습니다. 그러나 너무나 어려웠습니다. 초보자의 글쓰기는 넓은 바다에 뜬 조각배요, 해가 뜨면 사라지는 눈 같았습니다. 밤에 써 둔 시를 아침에 읽으면 이것이 뭔가 싶었습니다.

 '왜 이 정도밖에 안 될까?'

 나를 책망하며 괴로워했습니다. 지우고 다시 쓰는 시간이 늘어났습니다. 도무지 갈피가 잡히지 않았습니다. 시를 읽으며 다시 시를 썼습니다. 습작이라는 것은 원래부터 끝이 없는 것이었고 자신과의 싸움이라는 것을 알게 되었습니다. 나 자신도 모르는 사이 쓰고 지우고 버리고 하는 이 모든 일들이 나를 성장시키고 있었습니다.
 누구 하나 가르쳐 주는 이 없어도 스스로가 길이 되고 불빛이 되어 가는 길은 슬픔보다 괴롭진 않았습니다. 그렇게 조금씩 시

?

대한문 앞에서

를 쓰다 보니 아주 조금씩 시의 율격을 알게 되었고 문학을 익히게 되었습니다. 그러나 시라는 것이 워낙에 깊이가 있고 쓰는 사람마다 실력의 편차가 크기에 나의 실력이 어디에 있는지 뭐를 알고나 쓰는지도 몰랐습니다.

그래서 내 실력을 알아보기 위해 아마추어들이 시를 쓰는 카페에 가입해 부끄러운 내 시를 올려 보기도 했습니다. 좋다는 의견과 이 부분은 고쳤으면 한다는 의견들이 나오고 그 사이에서 배움의 시간도 가졌습니다. 다른 사람들이 올린 글도 보았습니다. 좋은 글과 아이디어가 반짝이는 글들이 많았습니다.

'누구 하나 알아주는 사람들이 없는데 이렇게 글을 쓰고 사랑하는 분들이 있구나!'

혼자라는 쓸쓸함이 사라졌습니다. 사람들이 올려 둔 글을 읽었습니다. 모두 진솔한 글들이었습니다. 삶에서 우러나오는 글들은 그 자체로 감동이 있었고 아름다웠습니다.

서로에게 읽을 만한 책들도 소개해 주었습니다. 내가 못 읽어 본 책들이 대부분이었습니다. 내 사정을 말하면 누군가 선뜻 책을 보내 주었습니다. 한 번도 만나 본 적이 없는 나에게 선뜻 자신의 책을 주는 사람들이 너무나 고마웠습니다. 애정 어린 격려도 해 주는 사람이 있었습니다. 책을 읽으며 점점 책 속으로 빠져들었습니다. 시간 가는 줄도 몰랐습니다.

읽을 책이 없으면, 읽었던 책을 읽고 또 읽었습니다. 처음 읽었을 때와 그 감동이 다르게 다가왔습니다. 어떤 책이든 다 읽고 싶었고 다 읽을 수 있을 것 같았습니다.

문학의 꿈을 심어 준 솟대문학

　습작 시가 쌓여 가고 있었습니다. 노력해서 쓴 시라 버리기도 아까웠습니다. 며칠을 고민한 끝에 문득 '이 시를 어디 보내 볼까?' 하는 생각이 들었습니다. 그러나 마땅히 아는 곳이 없었습니다. 그때까지도 가끔씩 새날 도서관에서 책을 빌려 보고 있었습니다. 그날도 언제나처럼 책이 와서 봉투에서 책을 꺼냈는데 편지봉투만한 소식지가 툭, 하고 떨어졌습니다. 무언가 싶어 무심코 보고 있는데 소식지 한구석에 회원들의 글을 받는다는 것이었습니다.

　'이것이구나!' 하고 반가워 글을 보내려고 써 둔 시 중 좋은 시를 골라 보았습니다. 그러나 막상 보내려고 하니 보낼 만한 시가 없었습니다. 고치고 또 고쳤습니다. 그래도 미흡한 건 마찬가지였습니다. 처음부터 좋은 시가 될 수 없는 시였기에, 책을 다 읽을 때까지 시를 다듬고 다듬어도 마음에 들지 않았습니다. 용기도 나지 않았습니다.

'보내지 말까?' 하는 마음도 싹텄습니다. 밤 내내 망설이고 또 망설이다 책을 보내야 하는 날이 다가오자 '에라 모르겠다. 밑져야 본전이지.' 하며 시를 보냈습니다. 시를 보내고 난 후 종종 어떻게 되었을까, 하며 걱정했습니다. 시가 너무 유치해서 버려진 건 아닐까 싶기도 했습니다.

그리고 한동안 새날 도서관에서 책을 빌려 보지 않았는데 갑자기 소식지가 온 것이었습니다. 그 소식지에는 내 시가 떡 하니, 실려 있었습니다. '내가 쓴 시가 종이에 실려 이렇게 나오다니….' 너무 신기하고 부끄러웠습니다.

난 그 소식지를 머리맡에 두고 읽고 또 읽었고 오래오래 간직했습니다. 그렇게 내 글은 새날 도서관 소식지를 통해 처음 세상으로 나왔습니다. 어설픈 글이었지만 그 어설픔도 나에겐 아름다운 추억처럼 느껴졌습니다. 용기도 얻었습니다.

"우와, 너의 시가 소식지에 나왔네."
"어이쿠! 잘 썼네."

누나도 내 시를 보고 놀라워했습니다.
형도 좋아했습니다. 나는 더 열심히 글을 썼고 그 글을 새날 도서관에 보냈습니다. 새날 도서관은 내 글을 꼭꼭 실어 주었습니다. 너무나 고맙고, 감사한 일이었습니다. 가끔 집에 누가 오면 나는 내 글이 실린 새날 도서관 소식지를 보여 주었습니다. 그러면 사람들의 반응은 의외로 호의적이었습니다.

'와! 대단하네. 이런 곳에 글도 실리고 자꾸 쓰면 더 좋은 글도 쓸 수 있겠다.'

나는 그 말에 다시금 큰 힘을 얻었습니다. 늘 혼자인 나에게 문학은, 글은, 내 삶의 전부였고 하나뿐인 친구였습니다.

그때쯤이었습니다. 새날 도서관 말고 다른 곳에도 글을 내고 싶다는 생각이 들기 시작했습니다. 실력을 더 쌓고 싶은 생각이 들었고 문인이 되고 싶었습니다. 어느 사이트에서 솟대문학을 알게 되었습니다. 장애문인들이 있는 곳이라 했습니다.
'바로 여기구나!' 싶었습니다. 늘 원고도 모집했습니다. 나는 솟대문학에 시 원고를 보내기로 마음먹고 시를 더 열심히 썼습니다. 새날 도서관에 보낸 시와는 다른 시를 보내고 싶었습니다. 몇 달 뒤 난 솟대문학에 시를 보냈습니다.

'솟대문학이 내 시를 받아 줄까?'

기다림의 시간이 흘러갔습니다.

처음 번 돈, 원고료 만 원

　시를 읽다가 소설책을 읽기 시작했습니다. 박경리 선생님의 대하소설 「토지」였습니다. 이미 드라마로 여러 번 봐 온 터라 책을 읽으니 드라마 속의 영상들과 잘 어울려져 읽기가 한결 수월했습니다. 또 무엇보다 박경리 선생님의 노력이 깃든 작품이라 놀랍고 감동적이었습니다. 대하소설의 그 깊고 찬 고독을 홀로 감당하며 글을 쓰셨을 선생님을 생각하니 글을 읽는 내내 마음도 경건해지고 생각도 많아졌습니다.

　'언제 열여섯 권을 다 읽을까?' 하는 생각도 들었지만 읽다 보니 글 속에 빠져들어 술술 읽어졌습니다.
　토지 속의 모든 인물이 내가 되고 그 인물들은 네가 되어 사건에 휘말리고 울고 웃는 여러 장면 속에선 그 시대의 어느 길목에 나도 서 있는 것 같았습니다.
　소설을 읽을 땐 머릿속엔 온통 소설의 배경에 대한 이미지뿐이었고 잠을 잘 때도 그랬습니다. 꿈속에서도 낮에 읽은 글을 되새기며 소설 속으로 들어가 소설 속 인물이 되어 그들과 함께 뒹굴며 살았습니다.

　수필도 읽었고 시조도 읽었습니다. 성인문학을 하나둘 늘려서 읽으며 시 외의 다른 장르의 경향도 눈여겨보았습니다. 문학의 흐름을 알 수 있는 계기가 되었습니다.
　늘 시만 읽다가, 소설과 수필, 시조도 읽으니 좋았습니다. 특정 장르 즉 시만 읽었을 때는 한 장르에 대한 것만 생각했는데 다양하게 생각할 수 있어 좋았습니다.
　그러는 사이 솟대문학에 글을 보낸 걸 잠시 잊고 있다가 소식을 기다리게 되었습니다. 기다린다는 것보다, 지루하고 긴장된 것은 없습니다. 그것은 기다려 본 사람들은 알 것입니다.

　우리는 살면서 무엇을 기다리고 또 기다리면서 삽니다. 솟대문학에 글을 보내고 난 후의 기다림도 그랬습니다. 계절마다 책이 나오는 계간지인 솟대문학은 1년에 네 번 책이 나와서 새날 도서관의 소식지와는 차원이 달랐습니다.
　기다림의 시간은 초조함을 불러왔습니다. 어느새 계절이 바뀌고 있었습니다.

봄이 올 무렵이었습니다. 솟대문학에서 메일이 오고 전화도 왔습니다. 메일 내용은 간단했습니다. 시가 실린다는 것이었습니다. 그리고 며칠 후 전화도 왔습니다.

"여보세요?"
"한상식 님이죠? 솟대문학인데요. 선생님의 시가 1회 추천을 받았어요. 축하드려요."
"아, 그래요. 감사합니다."
"솟대문학은 총 3회가 추천되어야 해요. 그래야 등단으로 보거든요. 꼭 추천 완료가 되시길 바래요."
"감사합니다."
"아, 참 은행 계좌번호도 보내 주셔야 해요."
"은행 계좌는 왜요?"
"원고료가 있어요, 시 한 편당 원고료가 만 원이거든요."
"아! 정말요."

원고료가 있다는 말이 너무나 고맙고, 감사했습니다.
내가 글을 써서 번 아니, 그때까지 처음 번 돈이 아마 솟대문학에서 받은 원고료가 아닐까 싶습니다.
다른 사람들에게는 적고 하찮은 돈일지 모르지만, 나에겐 너무나 큰 의미로 다가왔습니다.

그때부터 나는 매일매일 시를 썼고 몇 편의 시가 모이면 솟대문학에 꼬박꼬박 보냈습니다. 원고료도 꼬박꼬박 모아서 책을 사 보는데 썼습니다. 정말 많은 도움이 되었습니다.

그 후 나는 솟대문학에 3회 추천을 받아 추천 완료가 되었고, 솟대문학 신인상과 구상솟대문학상 본상까지 받게 되었습니다. 라디오 방송 출연도 했습니다.

참 많은 도움을 받은 곳이었습니다. 솟대문학은 많은 장애문인에게 용기와 희망을 심어 주었고 그중에 나도 있는 것이 아닐까, 싶습니다.

"시가 참 좋았어요."

시상식에서 만난 방귀희 선생님의 말씀이 지금도 귓가에 들리는 듯합니다.

2007년 구상솟대문학상 본상 수상작
어떤 중매

한상식

늦가을이 되어서야 배추에게 허리띠를 둘러 주었다
금세 허리가 오드리 헵번처럼 날씬해진 배추 아가씨들
옆 고랑에 서 있던 무뚝뚝한 경상도 무 총각들이 힐긋힐긋 눈길을 주니
새침한 배추 아가씨들 슬쩍, 딴청을 부리며
넓은 배춧잎으로 내 종아리를 툭, 툭 친다
평소 심드렁하게 배추 아가씨들을 바라보던 무 총각들
한층 날씬해지고 예뻐진 배추 아가씨들을 보며
저희들끼리 수군거리기도 하고 옷매무새를 다듬느라 분주하다
내 한 끼 허기를 달래기 위해 텃밭에 심어 놓은 배추와 무도
때가 되니 서로에게 이끌려 한 홉의 사랑을 하려 하는구나
그날 밤이었다. 방에 누워 책을 읽고 있는데
배추 아가씨와 무 총각이 소근거리는 소리가 들렸다
설렘으로 물든 그 음성에 별이 핑그르르 돌아앉던 가을밤이었다
올해도 나의 중매는 성공이다. 여느 해처럼.

시인은 마술사

　한상식의 시 〈어떤 중매〉는 시가 얼마나 황홀할 수 있는지를 잘 말해 준다. 시골 텃밭에 심은 배추와 무를 보고 시인은 아주 로맨틱한 사랑 이야기를 만들었다.
　이 시를 읽으면서 독자들은 온갖 상상을 하게 된다. 배추 아가씨는 탤런트 이나영, 무 총각은 원빈으로 이입하기도 하고, 꼭 이런 스타가 아니어도 자기 주변에 있는 처녀 총각을 모두 갖다 붙이고 있을 것이다.
　배추가 이렇게까지 섹시한 줄 몰랐다. 무가 이토록 남성미 넘치는 줄 이 시를 보고 처음 느꼈다. 시인은 마술사이다. 그 흔한 배추와 무를 아름다운 밀당의 주인공으로 만들 생각을 어떻게 하였을까? 시인의 상상력은 무죄이다.
　시인은 자신을 중매쟁이로 설정하였다. 자신이 그 사랑을 만든 장본인이기 때문이다. 시인은 고등학교를 졸업할 때까지만 해도 건강한 청년이었다. 그의 몸속에 근육병이 번지고 있는 줄 꿈에도 몰랐던 것이다. 시인은 근육병이 많이 진행되어 현재는 전신마비 상태이지만 근육이 빠져나갈수록 시인의 상상력은 무한대로 넓어진다. 시인은 모든 사물에 생명을 불어넣어 시를 쓰는 마술사가 되었다.

-「장애인문학론」(방귀희, 2019)에서

신나게 도전하고 좌절이 약이 되고

솟대문학에서 경험을 쌓고 용기를 얻은 나는 공모전에 도전해 보기로 마음먹었습니다. 지금 생각하면 간 크고 멋 모르는 도전이었지만 그땐 아무것도 몰랐고 무조건 응모해야 한다는 마음뿐이었습니다. 응모할 곳을 정하고 작품을 보내고 기다림의 연속이었습니다. 여러 곳에 보내진 내 시는 심사위원들의 손에서 읽히고 버려지고 했을 것입니다.

대부분 당선 연락이 안 왔지만 아주 가끔 연락이 오거나 공고가 난 곳을 볼 수 있었는데 그럴 때는 정말 기뻤고 떨렸습니다. 가작으로나마 붙는 것도 영광이었습니다. 이름이 거론된 것도 마찬가지였습니다.

주로 장애인들이 겨루는 공모전이 나의 주 대상이었는데 그곳도 경쟁자가 많았습니다. 글은 장애가 없었기에, 글 속에서는 서로 평등했을 것입니다. 당선된 작품을 보면 내 작품은 초라했고, 그리고 한없이 빈약해 보였습니다.

'야아, 어떻게 모두 이렇게 잘 쓸까, 이렇게 쓸려면 얼마나 많은 노력을 해야 할까?' 등 수많은 의문이 생기고 나의 노력이 적었음도 반성하게 되었습니다. 당선되는 것보다 떨어지는 것이 훨씬 더 많았지만 그래도 떨어질 때마다 나를 뒤돌아볼 수 있었습니다.

'난, 언제 이런 글을 쓸 수 있을까?'

당선작을 읽으며, 당선되지 못한 아쉬움이 큰 것은 잠시뿐이었습니다. 당선작과 내 작품을 비교하고 분석하며 더 좋은 작품을 쓸 토대를 마련하게 되었습니다. 실패가 약이 되었던 시기였습니다.

시와 문학에 대한 공부도 더 하게 되었습니다. 부족한 것이 조금씩 보이기 시작했습니다. 하지만 그 부족한 부분을 어떻게 메워야 할지 몰랐습니다. 혼자였기에, 문제가 생기면 시행착오를 겪는 시간이 너무나 길었습니다. 그것은 나에게 너무나 큰 홍역이었습니다.

생각하고 또 생각하다가 해결 방법이 보이지 않으면 책을 읽었습니다. 책 속에서 답을 찾을 수 있을까, 해서였습니다. 딱히 방법이 없는 것도 있었습니다. 아무리 해도 무언가 부족한 것이 있는데 그것에 대해 이야기를 나눌 사람이 없다는 것은, 불행이었습니다. 그러나 나는 그 불행을 홀로 견뎌야 했습니다. 홀로 견디지 않으면 포기하는 방법밖에 없었기에, 간절히 그 부족함을 기다리

초등학교 강연

고 갈구했습니다.

그 즈음 집에 찾아온 사람이 두고 간 책을 보고 읽었습니다. 그 책은 고인이 되신 정주영 회장님의 회고록이었는데 「실패는 있어도 좌절은 없다」였습니다. 제목을 보고 호기심이 일어 책을 읽기 시작했습니다.

시와 소설 같은 문학책과는 다르게 쉽게 읽혔지만 많은 어려움과 노력 끝에 기업을 일구고 성장시킨 기업가의 이야기가 참 재미있고 감동적이었습니다. 누구에게나 처음은 작고, 어렵고 그리고 약하다는 걸 알았습니다. 큰 기업가의 처음이 나의 처음과는 다르지만 그 처음이라는 이름은 똑같았기에 동질감을 느낄 수 있었습니다.

다시금 마음을 다잡았습니다. 더 노력하고 열심히 시를 썼습니다. 문을 두드렸습니다. 병아리가 알을 깨고 나오기까지 '톡! 톡!' 두드리는 그 작은 힘이 단단한 껍질을 깨는 것처럼 나의 이 도전이 언젠가 좋은 성과가 있길 바랐습니다.

도전은 지금도 계속되고 있습니다. 그 도전이, 좋은 글을 써야지 하는 것으로 바뀌어 가고 있지만, 그 바뀜이 나를 채찍질하고 좌절을 안기기도 합니다. 하지만 난 그 힘듦을 견디려 합니다. 그래야 좋은 글을 쓸 수 있고 나처럼 슬픔을 안고 살고 있을 그 누군가가 내 글을 보고 따스한 위로를 받길 바라는 마음입니다.

시상식에서 만난 사람들에게 배우다

　도전은 많은 경험을 주었습니다. 당선이 되면 시상식에 참여할 수 있었으니까요. 시를, 글을 쓰면서 혼자 감당하고 슬퍼해야 할 고독의 시간을 상을 타러 다니며 해소할 수 있었습니다. 사람들도 만날 수 있었는데 같이 시를 쓰는 사람들이 있다는 것이 신기했고 동질감 같은 것도 들었습니다. 짧은 시간이지만 글에 관해서 이야기하고, 얼굴도 모르고 이름도 몰라도 작품을 알고 있기에 금세 가까워졌습니다. 또 내 작품을 알고 있는 것도 참 신기했습니다.

"아, 그 시를 쓴 분이세요?"
"네에."
"그 시 참 잘 읽었어요. 어떻게 그런 생각을 하세요?"
"하하, 저도 잘 모르겠어요. 쓰다 보니 그렇게 되었어요."
"그래도 무슨 비법이 있을 거잖아요."

"그냥 열심히 쓰려고 노력해요. 부족한 시 좋게 봐 주셔서 고마워요."
"아, 아니에요. 정말 좋아서 그래요. 좋은 시 많이 써 주세요."
"네, 고맙고, 감사합니다."

웃는 모습도 한 편의 시 같은 분을 만나면 참 많은 것을 배울 수 있었습니다.

시상식은 단지 상을 받으러 가는 것만이 아니었습니다. 그곳에서 사람들을 만나고 그 사람들과 이야기하며 혼자 있었던 시간을 정화시키는 역할도 했습니다. 오랜만에 먼 길을 가니, 여행을 하는 기분도 들었습니다. 그곳 시상식에서 누가 1등이고 아니고는 아무런 상관이 없었습니다. 모두 모여 문학의 잔치를 벌이는 곳이었으니까요. 경쟁은 없었고 모두 즐거워하고 기뻐하는 것이었으니까요.

당선과 좋은 시에만 집착하던 나에게 시상식에서의 짧은 만남에서 오는 감흥들은 오랫동안 마음에 남았습니다. 어쩌면 글에만 몰두하고 시상식에 가지 않았다면 우물 속의 개구리처럼 되었을지도 모릅니다. 그러나 시상식에 참여함으로써 여러 사람들을 만날 수 있었고 글과 내 자신에 대해서도 생각하게 되었습니다.

언젠가는 광주까지 시상식에 간 일이 있었습니다. 수레바퀴문학상 시상식이었는데 가는 길이 참 멀고도 멀었습니다. 돌고 돌아 한참을 달리고 또 달려 도착한 광주는 제가 처음 간 곳이었습니다. 낯선 거리와 풍경이 이채롭게 다가왔습니다. 시상식은 해가 지고 어둠이 깔린 저녁 무렵에 있었습니다. 골목 끝 당선자들이 모이는 곳에 앉아 있는데 누군가 말을 걸어왔습니다.

"오느라 수고하셨습니다. 힘드셨죠?"
"네, 좀 머네요."
"시 참 잘 읽었습니다. 만나 보니 꼭 시인이네요."
"아, 아닙니다. 전 아직 초보예요."
"하하, 다들 그렇게 말하더라고요. 그래도 시를 쓴다는 것이 너무나 어려운데, 더욱이 혼자서는 더 그렇고요."
"그건 맞습니다. 하지만 할 수 없잖아요. 장애인들은 이동의 어려움 때문에 누구에게 지도를 받을 수도 없는걸요."
"맞아요, 맞아."

몇 마디의 대화에도 장애라는 공통분모가 있어 곧바로 공감대가 형성되었습니다.

그 공감대는 정말 간절한 바람 같은 것이었습니다. 위로의 말이 없어도 위로가 되는 아련한 느낌이었습니다.

시상식은 늦은 저녁에야 끝이 났습니다. 먼 길을 다시 가야 하는 저에게 사람들은 하루 쉬고 갈 것을 제안했고 결국엔 저도 응했습니다. 같이 밥을 먹고 이야기하고 마음을 나누는 사이 우리는 많이 가까워졌습니다. 북적였던 시상식이 끝난 자리는 텅 비어 쓸쓸했지만, 남은 온기가 있어 다행이었습니다.

그날 밤이었습니다. 그곳 문학 동아리 사람들과 만남이 있었습니다. 다들 장애를 가진 사람들이었고 나이의 편차도 컸습니다. 그들도 나와 처지가 같은 터라 문학으로 자신의 감성이나 생각을 나타내고 무엇인가 의미 있는 일을 하고 싶어 하는 모습들이었습니다. 그들과 나눈 대화는 나에게 많은 자극이 되었고 글에 대한 자세를 다시금 생각하게 했습니다. 장애라는 공감이 있기에, 우리는 더 빨리 가까워졌습니다.

그날 밤늦도록 이어진 이야기는 내 머릿속에 오랫동안 남았습니다.

다음 날이었습니다. 그곳을 떠나올 때 사람들이 내밀던 따스한 손길과 떡은 그 어떤 글보다도 감동적이었습니다. 언젠가 그들을 글이라는, 문학이라는 울타리에서 다시 만날 수 있길 늘 소망하고 있습니다.

비장애문인과 겨루기

 나는 장애라는 영역의 틀을 깨고 싶었습니다. 그래서 자주 이탈을 꿈꾸었지요. 그것은 나에게는 새로운 도전을 넘어 큰 도약이었습니다. 비유하자면 갓 태어난 병아리가 하늘을 나는 꿈을 꾸는 것이었지요. 날마다 새로운 응모처가 없을까, 하고 두리번거리고 있는데 별 소용이 없었습니다. 그때 문득 생각했습니다.

 '이제 다른 곳에 도전을 해 보자!'

 여기서 다른 곳은 장애인들을 상대로 하는 문학 공모전이 아니라 비장애인들을 상대로 하는 공모전에 도전하는 것이었습니다. '어디가 좋을까?' 곰곰이 생각하고 또 생각했지만, 적당한 곳이 없었습니다. 인터넷을 떠돌며 정보를 수집했습니다. 그래도 적당한 곳이 없었습니다. 늘 장애인들만 있는 곳에서 실력을 겨루다 보니 비장애문인들의 실력에 대해서는 몰랐습니다. 저의 진짜 실력을 알고 싶었습니다. 아무래도 장애문인들이 겨루는 곳은 문학성이 떨어질 수도 있기에 바다인, 비장애문인들이 겨루는 곳의 실력이 궁금했습니다.

 일단 아무 곳에나 응모하기로 했습니다. 생각을 바꾸고 나니, 응모할 곳이 너무나 많았습니다. 그동안 써 둔 시로 여기저기 응모를 시작했습니다. 동시와 소설도 써서 응모했습니다. 그러나 예상대로 그 어느 곳에서든 당선 소식은 없었습니다.

 장애문인들이 겨루는 곳에는 웬만하면 가작이라도 당선이 될 터인데 비장애문인들이 겨루는 곳에는 아무런 소식도 없었습니다. '아, 장애문인들과 비장애문인들과의 실력 차이가 이렇게 크다니….' 한숨이 깊어졌습니다. 다시 노력을 하기 시작했습니다. 허들 경기처럼 더 높은 벽을 뛰어넘기 위해 쓰고 지우고 또 썼습니다.

 '꼭 당선되고 말리라.'라고, 남다른 각오도 했습니다. 좋은 시들을 읽고 외우고 써 보며 내 빈약하고 초라한 시와 비교도 하고 나름대로 분석도 해 보았습니다. 어설픈 분석이었지만 그 분석으로 나름의 성장을 할 수 있었습니다.

 그렇게 시간이 흘렀습니다. 그동안도 여러 곳에 응모했지만, 결과는 뻔했지요. 비장애인들은 시 창작 교실을 다니며 시인들에게 시를 배우고 모여서 합평회 같은 것을 하며 성장해 가는데 혼자 하니 더디고 더뎠습니다. 그러던 중 어디에 보낸 동시가 최종심에 오른 것을 확인했습니다. 정말 기뻤습니다. 비록 당선이 되

작곡가 이영훈 노래비 곁에서

지는 못했지만, 심사위원들의 눈에 띈 것만으로도 큰 성과였습니다. 용기를 얻은 난 다시 응모를 해야겠다고 생각했습니다.

글감을 찾기 위해 신문을 보고 있었습니다. 몇 장을 넘기다 무심코 본 그곳엔 화투장만한 사진이 있었습니다. 사진은 고구려 고분벽화였는데 그 속엔 수레를 타고 어딘가로 떠나는 마부가 있었습니다. 그 사진을 본 순간 난 짜릿한 영감을 얻었고 그것을 바탕으로 시를 썼습니다. 시는 참 잘 써졌습니다. 내 생각과 시가 가는 방향이 일치해서인지 수정도 잘 되었습니다. 완성하고 보니 느낌도 참 좋았습니다.

'이 정도면 되겠지.'

나는 시를 응모하기로 마음먹었습니다. 어디다 할까, 고민한 끝에 시흥문학상을 선택했습니다. 혹 수정할 것이 없을까, 보고 또 보며 시간을 보내다 드디어 응모를 했습니다.

한 달이 지나고 두 달이 다 되어 갈 때였습니다. 이즈음이면 발표를 했을 건데 하며 시흥문학회 홈페이지에 들어가 보니 제 시 〈벽화 사진을 보며〉가 대상에 올라와 있는 것이었습니다. 놀라서 다시 봐도 마찬가지였습니다. 혹 잘못된 것이 아닐까 하고 기다려 보니 이튿날 전화로도 연락이 왔습니다.

'축하드립니다. 좋은 시 응모해 주셔서 감사합니다.'라는 말이 꿈결처럼 들려왔습니다. 이제 됐구나, 하는 생각도 들었습니다. 시상식에는 장애인이 한 명도 없었습니다. 그래서 오히려 제가 더 돋보였는지 모릅니다.

"언제부터 시를 쓰셨어요?"
"십오 년 정도 됐어요."
"오래되셨네요. 누구한테 배웠어요?"
"그냥 혼자 썼어요."
"혼자요? 저도 혼자 쓰다 도저히 안 되어서, 문화센터 같은 곳에 배우러 다녔는데… 참 대단하시네요."
"아, 아니에요. 대단은 무슨."

문학회 회원분의 말에 쑥스럽기도 하고 어깨가 으쓱하기도 했습니다.

신문에 실린 '신춘문예 공모'라는 것을 보았습니다. 처음엔 일반적인 공모와 별로 다른 게 없는 줄 알았는데 아니었습니다.
신춘문예는 모든 아마추어 문학인들이 동경하는 꿈의 무대였던 것이었습니다. 다시 도전 정신이 꿈틀거렸습니다. 써 둔 시들을 정리했습니다. 적당한 시를 골랐습니다. 그날부터 난 신춘문예라는 높고도 높은 벽을 뛰어넘기 위한 긴 여정을 시작했습니다.

저녁 무렵의 전화 한 통

몇 해 동안 꼬박꼬박 시를 응모했지만, 결과는 낙방이었습니다. 예선은 통과했으리라는 생각을 했지만, 알 수 없었습니다. 신문에 난 당선 작품들을 읽으며 새삼 신춘문예라는 장벽이 높고도 높다는 것을 생각했습니다.

'어떻게 해야 할까?'

고민하고 고민을 했습니다. 아무리 아마추어들이 겨루는 곳이 신춘문예라고 하지만, 언뜻 봐도 당선작과 내 시의 차이는 엄청난 차이가 있는 것 같았습니다. 여태껏 시 외에 다른 장르를 본격적으로 쓸 생각은 하지 않았기에 줄곧 시만 생각했습니다.

그렇게 시에 몰입을 하고 있다가 인터넷에서 우연히 권정생 선생님의 「강아지 똥」을 읽었습니다. 큰 충격이었습니다. 글에서 오는 감동이 나를 휘감았습니다. 시와 소설, 수필 같은 성인문학에만 익숙해 있던 나에게 동화는 아이들만 읽는 책이라 여겼기에 더 그랬습니다. 문득 동화를 써 볼까 하는 생각이 들었지만 애써 잊으려 했습니다.

그러는 사이 신춘문예 공모 시기가 돌아왔습니다. 써 둔 시는 마음에 들지 않았습니다. 당선과는 거리가 멀어 보였던 것입니다. 어떡할까, 고민에 빠진 채 며칠을 보냈습니다.

'시는 당선이 안 될 건데… 시 말곤 다른 것은, 제대로 써 본 적도 없고. 올해도 당선과는 거리가 멀겠구나.' 하며, 쓸쓸해하고 있는데 불현듯 「강아지 똥」이 떠올랐습니다.

'그래, 동화를 써 보자. 그런데 어떻게 쓰지?'

고민이 시작되었습니다. 좋은 동화책을 두어 권 사서 읽기 시작했습니다. 시를 분석할 때처럼 하나하나 분석하고 검토하며 공부를 했습니다.

'어떤 걸 쓸까?' 생각하다 어릴 적 작은 불빛을 반짝이며 밤하늘을 날아다니던 반딧불을 떠올렸습니다. 종이를 두고 제목을 정하려는데 제목조차 떠오르지 않았습니다. 밤을 지새우며 생각해도 별 소용없었습니다. 신춘문예 마감일이 일주일 정도밖에 안 남았는데 너무나 초조했습니다.

밥도 먹지 않고 동화 쓰기에 매달렸습니다. 하지만 결과는 어제와 같았습니다. 이제 어쩌나 하고 포기 상태에 이르렀을 때 첫 글자가 쓰였고 그것을 계기로 막힌 구멍이 뚫린 듯 글이 술술 나왔습니다. 참으로 신기했습니다.

그날 전 밤을 지새우며 글을 썼고 드디어 한 편의 단편동화를 완성했습니다.

한 번도 동화를 써 본 적이 없는 내가 동화를 썼다는 것이 믿겨지지 않았습니다. 완성된 글을 천천히 읽고 또 읽으며 수정과 보완을 마쳤습니다.

그리고 신춘문예 공모 마감 이틀을 남겨 두고 신문사로 보냈습니다. 당선은 꿈도 꾸지 않은 채 응모 후 시간이 생겼습니다. 그때를 이용해 너무나 읽고 싶었던 책 최명희 선생님의 「혼불」을 읽었습니다. 솟대문학에서 받은 원고료를 차곡차곡 모아 중고 책으로 산 혼불은 단번에 날 사로잡았습니다. 열 권짜리 대하소설이었지만 짧게만 느껴졌습니다. 밤을 새워 책을 읽으며 소설 속 사람들에게 한 발 한 발 다가가서 그들의 삶과 사랑을 느끼는 것은 크나큰 영광이었습니다.

모국어를 아름답게 하고 영원히 살아 숨 쉬게 하려는 작가의 숨결은 글 하나하나에 섬세한 나이테를 그려 놓아 맑게 빛나고 있었습니다. 나는 글을 아껴서 읽었습니다.

그 아낌은 존경심과 경외심에서 우러나오는 아낌이었습니다.

추운 날씨였습니다. 모임에 다녀오던 길 고속도로 휴게소에서 쉬고 있을 때였습니다. 전화가 왔는데 모르는 전화번호라서 망설이다가 받았습니다.

"저, 신춘문예에 응모하셨지요?"
"네."
"응모작이 무엇인가요?"
"엄마의 얼굴입니다."
"최종심 다섯 분에 올라와 있습니다. 하시는 일은 무엇인가요?"
"글만 씁니다."
"아, 네. 알겠습니다. 다시 연락드리겠습니다."

워낙 갑작스러운 일이라 뭐가 무엇인지 도통 알 수 없었습니다. 내 작품이 최종심에 올랐다는 것도 믿기지 않았습니다. 덤덤한 마음이었습니다. 밥을 먹고 왜 이런 전화가 오나 하고 아리송해하며 집으로 돌아오려고 차를 타는데, 다시 전화가 왔습니다.

"축하드립니다. 당선작으로 선정되었습니다."
"네에? 제가요?"
"네에, 시간 내서 신문사로 한 번 오세요. 사진을 찍어야 하니까요."
"네, 알겠습니다."
"다시 한번 축하드립니다. 그날 뵙겠습니다."
"내가 당선되다니…."

전화기를 끊지도 않고 난 혼잣말을 중얼거렸습니다. 이상하게 당선이 되었는데도 그리 기쁘지 않았고 머리가 멍했습니다. 어둠이 내려 차 창밖은 어두웠고 먼 불빛이 반짝 빛났습니다. 어떻게 집으로 왔는지도 모르게 집에 왔습니다. 과연 내가 신춘문예에 당선된 것이 맞나 싶었습니다. 혹시 잘못된 전화가 아닌가 싶기도 했고요. 망설이다 기자님에게 전화를 했습니다.

"기자님, 저 조금 전에 전화 받은 동화 부문 당선자입니다. 정말 제가 당선된 것이 맞나요?"

"네, 맞습니다. 선생님."

"하, 고맙습니다. 기자님."

"사진 찍는 날 뵙겠습니다. 늦지 않게 오세요."

그때서야 비로소 제가 신춘문예에 당선되었다는 것을 느낀 순간이었습니다.

지금도 그날의 전화가 마치 꿈만 같습니다. 벌써 20년이 다 되어 가는 시간이 흘렀는데도 말입니다. 그때 그 전화가 없었다면 지금의 나도 없을 것입니다.

신춘문예 당선 후 사이버대학에 가다

며칠 후였습니다. 신문사에 사진을 찍으러 갔습니다. 그땐 왜 사진을 찍으러 오라는지에 대해 몰랐는데, 가서 보니 알 것 같았습니다. 신춘문예에 당선되면 당선자들 한 명 한 명의 모습이 신문에 나고 문인으로 대우해 주는 일종의 신고식 같은 것이었나 봅니다. 떨리는 마음으로 사무실에 들어서니, '어쩐 일로 오셨어요?' 하고 물었습니다.

"사진 찍으러 왔어요. 동화 부문 당선자라…."
"아! 그러셔요? 잠시만 기다려 보세요."

직원이 다른 사무실로 가더니 남자 기자님과 사진 기자님이 나왔습니다.

"아, 오셨군요? 아이고! 전화 통화를 할 땐 장애가 있는지 몰랐

작가외의 만남

는데 어려운 신춘문예에 붙으시다니 참 대단하시네요."
"감사합니다."
"옥상에 가서 사진 찍죠. 추운데 괜찮겠어요?"
"네, 괜찮습니다."

나는 기자님 두 분과 서둘러 옥상으로 올라갔습니다. 사진을 찍는데 칼바람이 불었지만 긴장한 탓에 추운지도 몰랐습니다. 카메라의 찰칵찰칵 소리 따라 내 모습이 담기고 있었습니다. 사진을 다 찍고 이런저런 이야기를 했습니다.

"언제부터 글을 쓰기 시작했어요?"
"몸이 안 좋아지고부터였어요. 집에 있는 시간이 많다 보니, 자연히 책을 읽는 시간이 많아졌어요."
"동화는 언제부터 쓰기 시작했어요?"
"처음 썼어요. 엄마의 얼굴은 신춘문예에 응모하려고 쓴 저의 첫 동화예요."
"저, 정말요? 참 놀랍네요. 참 시도 응모하셨죠?"
"네, 그런데 그걸 어떻게 아세요?"
"시도 본선에 올랐어요."
"아, 그래요?"
"네, 참 실력이 좋으시네요."
"아이쿠! 아니에요. 당선도 되지 못했는데요. 뭘."

"하하하, 참 욕심도 많으셔요. 또 도전하면 되지요."

기자님은 호탕하게 웃으며 제 어깨를 툭, 툭 두드렸습니다. 그날 오후였습니다. 신문 첫 면에 제 기사가 났습니다. 사실 저도 놀랐습니다. 제 모습이 신문 첫 면에 난다는 것이 부끄럽고 숙연했습니다. 몇 통의 축하 전화도 왔습니다. 기분이 아리송했습니다.

드디어 시상식 날이 다가왔습니다. 1월이라 바람이 차가웠지만 이상하게 포근히 느껴졌습니다. 많은 사람들이 참여한 시상식에서 저는 처음으로 다른 부문 즉 시와 소설, 시조 등의 당선자들을 볼 수 있었습니다. 시흥문학상과 같이 장애인은 저뿐이었지요. 그런데 국제신문사에서 저 한 사람을 위해 시상식 계단을 휠체어가 올라가기 좋게 경사로를 놓아 두었던 것이었습니다. 작은 배려에 전 기분이 좋았고 감동도 받았습니다. 부문별 당선자가 시상식 소감을 말할 때였습니다.

그중 둘은 대학교 국문과 출신이었기에, 시상식 소감에서 가르침을 준 교수님께 감사드린다고 했고, 남은 한 분도 글터의 동지들에게 감사한다고 했습니다. 하지만 저는 그 누구에게도 감사하다는 말을 할 사람이 없었습니다. 혼자였기에, 익숙함이 웃자라 다른 사람들도 다 그런 게 아닐까, 하고 안주하고 있었던 것입니다. 말을 얼버무리며 내 이야기 몇 마디 하고 소감을 끝내고 나니,

허전한 마음도 들었습니다.

　시상식을 끝내고 심사위원과 다과회를 할 때였습니다. 동화를 심사한 선생님 중 한 분이 이렇게 말씀하셨습니다.

"제가 선생님 동화를 적극 밀었습니다. 글을 참 잘 쓸 것 같아서요. 열심히 해서 좋은 글 쓰세요."
"감사합니다. 선생님."

　심사를 담당하셨던 선생님의 말이 큰 위로가 되었습니다.
　모든 것이 끝난 후 일상은 다시 공허했습니다. 그러다 문득 나도 문예창작과 같은 곳에 가서 문학을 더 공부해 볼까 하는 생각이 들었습니다. 방송통신대와 대구대학을 알아보았는데 방송통신대학은 가끔씩이라도 출석을 해야 했고 대구대학은 집과의 거리상 기숙사 생활을 해야 했습니다. 아무리 해도 방법이 떠오르지 않았습니다. 그렇게 갈팡질팡하고 있는데 신문을 보고 누군가 전화를 해 왔고 그분의 추천으로 경희사이버대학교 미디어문창과에 입학을 하게 되었습니다. 신춘문예 당선자라 교수님의 배려로 전액 장학생도 되었지요.
　전 너무나 기뻤습니다. 나에게도 교수님이라고 부를 그 누군가가 있었기에 뿌듯했습니다. 비록 사이버대학이었지만 정규 학교와 똑같았고 상당한 실력자들도 많이 있을 것 같았습니다. 등록금 0원이 찍힌 고지서를 은행에 가서 납부 확인 도장을 찍고, 학생증을 만들고, 입학식에 오라는 통보를 받는 것이 새롭고 신선했습니다. 이제 어떤 공부를 하게 될까도 자못 궁금했습니다. 교수님의 얼굴도, 만날 사람들이 누굴까 하는 것도 무척 설레는 일이었습니다.

대학생이 되어 문인들과 만나다

　경희사이버대학에 입학을 하고 얼마 후 부산에서 신입생들의 모임이 있었는데 교수님의 요청으로 그곳에 가게 되었습니다. 부산 광안리에 있는 횟집이었습니다. 낯설고 서먹했지만, 교수님 두 분은 절 따뜻하게 맞아 주셨고 좋은 글 많이 쓰라는 덕담도 해 주셨습니다. 고맙고, 감사했습니다.

"신춘문예에 당선된 동화 엄마의 얼굴 잘 읽었습니다. 혼자서 그만한 글을 쓰기 쉽지 않았을 텐데요."
"아니에요. 그냥 멋모르고 썼어요."
"그래도 말이 그렇지 그렇게 쉬운 게 아니잖아요."
"시나 소설 같은 책을 많이 읽다 보니 스며들 듯 자연스레 몸에 스며든 것 같아요."
"그 말이 정답 같네요. 자연스레 익혀지는 게 진짜 같아요. 하여튼 축하드려요."

교수님이 불쑥 내민 손이 참 따스했습니다. 좀 불편한 자리였지만 나를 이해하려고 배려하는 모습들에 잘 왔구나 하는 생각이 들었습니다.

당시 경희사이버대학은 각 지방마다 학습관이라는 것이 있었습니다. 부산과 경남의 학생들을 위해 부산에도 학습관이 있었습니다. 아주 가끔 그곳에 가면 여러 사람들을 만날 수 있었는데 그분들은 서로 다른 공부를 하고 있는 사람들이어서 다른 것을 경험할 수 있는 경우가 많았습니다. 가령 문학을 하는 분들도 각 장르가 다르듯 일어나 중국어 같은 걸 공부하는 사람들에게 그 나라의 문화나 역사에 관한 이야기를 들으면 참 재미있었습니다. 직접 여행을 하고 온 분들도 있어서 자신의 경험담을 들려줄 때면 가슴이 두근거리기도 했지요. 모두 각자의 일 때문에 가끔 만날 뿐이지만 전 그곳에서 많은 간접경험을 했습니다. 갈 수 없는 나에게 체험에서 오는 생생한 경험담은 공기 같아 나를 새롭게 숨 쉬게 했습니다.

그렇게 매화꽃이 봄을 알리는 3월이 왔습니다. 드디어 첫 강의가 시작되었습니다. 첫 강의의 설렘은 지금도 잊지 못합니다. 일반 학교 강의와 다른 컴퓨터 영상으로 듣는 강의였지만 체계적인 문학 공부를 할 수 있다는 생각에 기뻤습니다.

공부는 참 재미있었습니다. 늘 혼자 책으로 익혔던 그들과 미처 몰랐던 많은 것들이 머릿속에서 맴돌다 '아, 이거였구나!' 하

양산시립 서창도서관 '올해의 책' 표지판

는 깨우침과 함께 새로운 영역으로 나아가고 있었습니다. 혼자선 모르는 것이 있으면 어디 물을 곳이 없어 혼자 끙끙 앓다가 끝이었는데 이제 물을 곳이 생기고 얼마 지나지 않아 그 답을 찾을 수가 있었습니다.

  강의를 들을 때마다 신기한 것도 많았습니다. 막연하게 알고 있던 것을 더 자세히 설명하고 있는 교수님들이 신기하기도 했습니다.

'어떻게 내가 막연하게 알고 있는 것을 저리 콕 찍어 말할까.'

귀신같다고 느끼기도 했습니다. 교수님들의 강의는 나의 글쓰기에, 많은 도움을 주었고 새로운 글에 대한 눈을 뜨게 했습니다.
  미디어문예창작학과는 1년에 세 번 큰 행사가 있었습니다. 첫 번째는 봄에 하는 MT였고, 두 번째는 여름의 문학기행, 세 번째는 가을 문학의 밤이었습니다. 문학의 밤에는 참여를 못했지만, MT나 문학기행은 대부분 참여하였습니다. 1학년 MT 때였습니다. 문막이라는 곳에서 MT를 했는데 양산에서 문막으로 가는 길은 멀었으나 설레는 마음에 힘든 줄도 몰랐습니다. 여섯 시간을 넘게 달려 문막에 도착하니 학우들이 많았습니다. 처음 보는 분들도 있었고 낯익은 사람들도 있었습니다.

"아, 어서 오세요. 오느라 힘들었죠."

"네, 좀 머네요."

반갑게 맞아 주는 교수님에게 짧은 인사를 했습니다. 그곳에는 이문재 시인도, 홍용희 교수님도 있었습니다. 시는 많이 읽었어도 한 번도 뵌 적이 없는 시인을 곁에서 보니 가슴이 설레기도 했습니다.

밤에는 다과회도 있었습니다. 벅적벅적한 사람들 속에서 우리는 서로 대화를 하느라 바빴고 문학이라는 울타리 안에서 고민을 나누기도 했습니다. 교수님의 짧은 강의도 있었고 이문재 시인과의 대화도 있었습니다. 요즈음 같으면 북토크 같은 것이었는데 진솔한 대화들이 많이 오고 갔습니다.

시를 읽은 느낌은 물론 시를 쓰는 자세와 감정의 이입 등 참 많은 것을 배울 수 있는 시간이었습니다. 경험에서 우러나오는 이야기는 나에게 피가 되고 살이 되어 몸속으로 파고들었습니다. 생각해 보면, 지금도 그 말이 글을 쓰는 나에게 많은 도움이 되고 있는 듯합니다. 학교 강의를 들으며 글을 쓰고 하는 일들이 행복했습니다.

3학년 때에는 사회복지도 부전공으로 공부했습니다. 모르는 것을 알아 가는 것이 기쁘고 또 기뻤습니다. 사회복지 대상자인 나에게 사회복지에 대한 공부는 단지 공부라는 단순한 의미를 넘어 피부로 와닿는 의미였습니다. 문학 공부도 즐겁고 기뻤지만 사회복지 공부도 그만한 가치가 있었던 것이었지요. 그리고 그곳에도 프로이드의 심리학 같은 것들이 나와 문학과도 조금은 연관이 있었습니다.

문학기행도 참 즐거운 기억입니다. 어느 때는 장마철과 겹쳐 줄곧 비가 왔지만 그래도 즐거웠습니다. 비가 그치는 틈을 이용해 틈틈이 다니는 기행은 나에겐 갇혀 있던 시간에 대한 보상이었습니다.

나의 휠체어를 밀어 주고 우산을 들어 준 사람들이 있어 가능한 일이었습니다. 석굴암에 갔을 땐 계단이 많았는데 저를 업고 그 계단을 오른 분도 있었습니다. 어디 그뿐입니까, 부석사의 그 오르막길과 경주의 첨성대와 왕궁터까지도 갔습니다.

지금은 잊혀져 가는 얼굴들이고 목소리도 가물가물하지만 늘 그립고 보고 싶습니다. 언젠가 꼭 다시 만나 보고 싶습니다.

문학사업 공모에 선정되어 첫 동화책 출간

경희사이버대학교를 졸업하고 다시 혼자 있는 날들이 늘었습니다. 책을 읽고 글을 쓰는 시간도 계속되었습니다.

하지만 무언가 허전했습니다. 다른 문인들은 책을 출간하는데 나도 책을 출간해 볼까, 하는 생각도 했습니다. 그러나 막막했습니다. 조언해 줄 사람도 아무도 없었습니다. 솟대문학에서 시집을 출간해 주셨지만, 시가 아닌, 동화로 신춘문예에 등단한 터라 시보다는 동화책을 출간하고 싶었습니다.

용기를 내 출판사에 투고를 했습니다. 몇 군데나 되었습니다. 그러나 아무런 연락이 없었습니다. 실력이 부족했던 탓이었습니다. 출판 시장에서 외면당하는 단편동화를 쓴 탓도 있었습니다. 줄곧 단편만 쓰다 보니 장편동화를 써 보기도 했으나 스스로가 부족하다는 것을 느낄 정도였습니다. 고민을 하고 또 해도 답이 없었습니다.

좋은 동화책을 사서 읽기 시작했습니다. 맨 처음 시를 쓸 때처럼 읽고 분석하며 나의 부족한 부분을 메워 갔습니다. 시를 공부해서인지 많은 도움이 되었습니다.

하지만 '누가 내 책을 내줄까?' 싶었습니다.

알아보니 대부분의 작가들이 문예진흥기금을 받아 책을 출간하는 것을 알았습니다.

동화는 더 그랬습니다. 시나 소설 같은 성인문학은 글만 있어도 책을 낼 수 있었지만, 동화는 그렇지 않았습니다. 그림이 있어야 했습니다. 그림 작가에게 주는 화료도 천차만별이었습니다. 출판사로서는 책을 만드는데, 상당한 비용이 들고 부담감도 많은 것이었습니다.

그러던 중에 경남아동문학회에 들어가게 되었습니다. 같은 신문사의 신춘문예에 당선된 분의 주선이 있었습니다. 그곳에서 나는 다른 작가님들이 출간한 책을 읽으며 부러워했습니다. 나도 책을 낼 수 있었으면 했습니다. 문학회에는 동시를 쓰는 분도 있었는데, 그분이 장애인이었습니다. 연말 모임에 갔는데 이야기를 나누다 한국장애인문화예술원에 대해 설명해 주었습니다. 한번 도전해 보라는 것이었습니다.

슬며시 승부욕이 일었습니다. 공고가 나자 신청서를 작성하기 시작했습니다. 처음이라 그런지 쉽지 않았습니다. 쓰고 지우고 겨우겨우 신청서를 완성해 제출했습니다.

'올해의 책' 전시 표지판

도움을 줄 사람이 없으니 혼자서 해결하는 것은 당연한 것이었습니다.

한 달이 지나자, 공고가 났습니다. 선정자 명단에 이름이 있었습니다. 놀랍고 감사한 일이었습니다. 교부신청과 여러 가지 절차를 마치고 출판지원금을 받아 책을 출간하기로 마음먹었습니다.

그런데 처음 책을 출간하는 터라 무엇을 어떻게 해야 하는지 잘 몰랐습니다. 막연히 출판사에 연락을 해서 원고를 보내면 되나 싶었는데 그것은 아니었습니다. 이곳저곳을 알아보니 4월도 안 되어 이미 출판사들은 올해의 책 출판 일정을 거의 다 잡고 있었습니다.

내가 인기 작가가 아닌 건 물론이고 첫 책을 내는 거라 더 책을 출판하기가 어려웠던 것입니다. 더욱이 동화는 그림을 그려야 하기에 비용과 시간이 많이 들어 출판사들이 더 꺼려하는 상황인 것을 몰랐던 것입니다.

지쳐 갈 무렵, 아는 작가님의 소개로 수소문 끝에 겨우 출판사를 섭외했습니다. 출판사에 원고를 보내니 얼마 후 수정 요청이 들어왔습니다. 여러 번의 수정 끝에 원고 작업을 끝내고 그림에 관한 이야기가 나왔습니다. 글에 관한 것만 작가가 하고 그림이나 출판에 관한 모든 것은 출판사가 도맡아 할 줄 알았는데 그것이 아니었습니다. 모든 것을 작가와 의논하는 것이었습니다. 초보 작가를 예우해 주는 것 같아 기분이 좋았습니다. 그림 작가도

양산시립 중앙도서관 '올해의 책' 표지판

'올해이 책' 현수마

세 분 중에 정했습니다.

  한 권의 책이 나오기까지 참 많은 시간과 노력이 걸리는 줄은 미처 몰랐습니다. 그냥 독자로 남아 있을 때는 책을 읽기만 할 뿐이어서 몰랐지만, 많은 정성과 노력이 들어감을 새삼 느끼게 되었습니다.

  10월에 드디어 책이 나왔습니다. 단편동화집 「엄마의 얼굴」이었습니다. 엄마의 얼굴은 나의 신춘문예 등단 작품이라 더 애정이 가는 작품이었습니다. 책이 나오니 너무나 기뻤습니다. 보고 또 봐도 질리지 않았고 마냥 좋았습니다.

엄마의 얼굴

  "저에게 한 글자는 한 걸음이고 한 걸음은 한 글자입니다.
  행여 발을 헛디딜까, 떨리는 걸음으로 걷는 글들은 때론 저를 힘들게도 하지만 기쁘게도 합니다.
  글 속에서 나는 언제나 여행을 떠납니다. 그 여행 속에서 여러분을 만나기도 하지요.

  봄이 옵니다. 봄은, 겨울이 있기에 더 아름답듯
이 세상이 아름다운 것은 여러분이 있기 때문입니다.
  오는 봄을 두 팔 벌려 안아 보세요. 여러분도 꽃이 되게요."

2022 청소년 북토큰 선정도서 「조국에 핀 도라지꽃」 표지와 양산시립 서창도서관 '작가와의 만남' 게시판

경남 양산의 한 공원에서 '조국에 핀 도라지꽃' 한상식 작가가 작품에 대해 이야기하고 있다.

일제강점기와 한국전쟁의 소용돌이에서 조국을 지켜낸 소년 소녀의 이야기다. 작가는 어려서부터 일본으로 강제 징용당한 아버지로부터 세세한 이야기를 듣고 자랐다. 아버지의 이야기를 바탕으로 하고 작가 특유의 상상력으로 집필한 작품이다. 책 속 내용도 흥미

<국제신문> 박현주의 그곳에서 만난 책(2022. 08. 21.)

「엄마의 얼굴」이란 동화책의 첫머리에 나오는 작가의 말이 참 인상적이다. 한 글자가 한 걸음이라는 것에서 작가의 글쓰기는 바로 삶 자체라는 것을 알 수 있다. 글 속에서 여행을 하며 세상을 만나는 것에서 작가의 장애를 짐작케 한다. 세상이 아름다운 것은 여러분이 있기 때문이라면서 봄을 맞이하는 우리 모두 꽃이 될 수 있다고 도닥거려 준다.

한상식 작가의 동화 속에는 자연과 인간이 공존하며 공생하고 있는 모습을 보여 준다. 하루밖에 살 수 없는 하루살이지만 자신의 흔적을 남기고 바람이 불어야 이동할 수 있는 민들레 씨앗일지라도 인내하고 기다리면서 자신의 역할을 다한다.

모두 복잡한 관계 속에서 다양한 갈등이 일어나고 있지만 잘 이겨 내면서 다 함께 행복하게 사는 길을 찾고자 노력하는 이야기 6편이 동화 이상의 인생철학을 겸손하게 독자들에게 전해 준다.

작가는 그 어느 순간에도 자연과 소통하려는 노력을 포기하지 않는다. 자신을 드러내는 용기와 함께 남의 입장이 되어 보는 배려의 마음으로 모든 존재들과 진심어린 소통을 한다.

> 작가가 궁극적으로 추구하는 것은 참다운 행복이다. 행복은 자기가 줄 수 있는 것을 정성껏 나눔으로써 가꾸어진다는 것을 조용히 깨닫게 한다.
>
> -『E美지』통권 19호(2021)에서

용기를 얻은 나는 매년 책을 내기로 마음먹었습니다. 그런데 늘 단편집만 내기는 어려웠고 장편을 내야 한다고 했습니다. 그래야 진정한 작가로 성장할 수 있다고 했습니다.

장편을 쓰기로 마음먹고 펜을 들었습니다. 괴로운 시간들이 흘렀고 쓰고 지우고 다시 쓰는 날들이 이어졌습니다. 처음 쓰는 장편이라 마음과 달리 잘 써지지 않았습니다. 쓴 글을 다 지우고 종이를 찢었습니다. 도저히 못 쓸 것 같았습니다.

전전긍긍하며 며칠을 고민하고 있는데 불현듯 어릴 적 아버지가 해 준 이야기가 떠올랐습니다. 아버지는 일제강점기 때 일본 홋카이도에 강제징용을 가셨는데 종종 그때의 이야기를 해 주셨습니다.

나는 다시 펜을 들었습니다. 기억을 더듬어 글을 쓰는데 생각보다 글이 잘 되었습니다. 저도 놀랐습니다.

책을 상과 하로 두 권을 기획하며 쓰기 시작한 글이라 배경은 일제강점기부터 6.25전쟁까지가 배경 무대였습니다. 모두 아버지에게 들은 이야기를 떠올리며 쓴 글이었습니다.

거의 집 밖에 나가지 않고 매일 글쓰기를 했습니다. 정말 어렵고 힘들었습니다. 날마다 쓴 글은 어느새 원고지 300매가 넘었고 다 쓴 글은 출판사로 보낸 후 또 쓰기 시작했습니다. 다잡아 써야 쓸 수 있을 것 같았기에 고삐를 더 옥죄였습니다. 그러는 사이 출판사도 저의 원고를 보고 만족해하셨고 얼마 뒤엔 수정 요청도 왔습니다. 처음 쓴 장편이라 그런지 많은 부분이 잘려 나가거나 추가 서술을 요구하는 부분이 더러 있었습니다. 난 출판사의 요구 사항을 그대로 둔 채 서둘러 하편을 완성해 출판사로 보냈습니다. 상편도 수정을 끝냈고 하편과 마찬가지로 출판사에 보냈습니다.

며칠이 지난 후였습니다. 갑자기 출판사에서 전화가 와 상편과 하편을 한데 묶어야겠다고 했습니다. 원고지 600매가 넘는 글을 350매 내외로 줄여야 하는 일이었습니다. 두 달여 동안 글을 읽고 또 읽으며 수정한 글은 '조국에 핀 도라지꽃'이라는 제목을 달고 세상에 나왔습니다.

"선생님 글 수정하느라 수고하셨습니다."
"아니에요. 좋은 책 만들어 주셔서 고맙습니다. 그림이 참 좋네요."
"마음에 들어 하시니, 다행입니다. 사실 글이 좋아 그림도 사는 것 같습니다."

"과찬입니다. 오히려 그림이, 글을 받쳐 주는 것 같아요."

출판사의 칭찬에 저는 신이 났습니다. 힘들었지만 소중한 경험을 한 것입니다. 책이 나오자 여러 번 읽었습니다. 정말 제가 쓴 것이 맞나 싶었습니다. 무언가에 홀린 듯 쓴 글이라 지금도 얼떨떨하기만 합니다. 책장에 꽂힌「조국에 핀 도라지꽃」이 저의 첫 장편인 것이 자랑스러웠습니다.

나는 오늘도 글감을 찾느라 책을 읽고 다큐멘터리를 봅니다. 소재의 다양성을 찾기 위함입니다. 먼 여행을 할 수 없기에, 이렇게라도 간접 체험을 하는 것입니다. 다른 나라, 내가 한 번도 가 본 적이 없는 나라에 관해 쓴다는 것이 어렵겠지만 독자들을 위해 쓴다고 생각하면 즐겁습니다.
글은 이제 내 삶의 일부가 아닌, 전부이기 때문입니다.

보이지 않는 벽

　어렵고 힘들게 출간한 책 「조국에 핀 도라지꽃」은 문화관광부 주최 북토큰에 선정되었습니다. 첫 선정이라 감회가 남달랐고 또 기뻤습니다.
　북토큰이 무엇인지도 모르고 있던 저에게 출판사 직원은 하나하나 가르쳐 주며 저와 기쁨을 나누었습니다. 초보 작가인 저에게는 모든 것이 낯설고 두려운 시절이었는데 북토큰 선정은 이 모든 것을 아름답게 해 주었습니다. 성취감도 느낄 수 있었습니다.

　책을 두어 권 내고 나니 좋은 책에 대한 욕심이 생겼습니다. 그래서 어떻게 하면 좋은 글을 쓰고 그것을 책으로 낼까 궁리하고 또 궁리했습니다. 하나, 아무리 궁리해도 문제가 풀리진 않았습니다. 생각 끝에 다른 작가들과 다른 의미 있는 글을 쓰기로 마음먹었습니다. 하지만 쉬운 일은 아니었습니다.
　늘 어떤 글을 쓸까, 고민하며 보낸 시간만 늘 뿐이었습니다. 어

작가와의 만남

떨 땐 시대의 흐름을 따라 어린이들이 좋아하는 가벼운 글들을 쓸까, 하는 유혹도 있었습니다.

　실제 쓰려고 시도한 적도 있었습니다. 그러나 이미 문학을 알아 버려서 그런지 쓸 수가 없었습니다.

　방황 끝에 내 글을 쓰기 시작했습니다. 어려웠지만 각오한 길이었습니다. 문단은 비장애문인들이 거의 다였고 장애인들은 없었습니다. 그래서 난 더 외롭고 고독했습니다. 마치 내가 장애인의 대표가 된 듯한 기분이었습니다.

　작가님들은 내가 어떤 글을 쓰나 보자, 하고 나를 지켜보는 듯했습니다. 그도 그런 것이, 신춘문예 당선 때도 여태껏 역대 당선자들은 거의 모두가 동화 작가를 양산하는 동화 창작반 출신이었습니다. 내가 당선된 것은 거의 기적이었습니다.

　후일에 이것을 알았습니다. 알게 모르게 저의 글은 그들 속에서 떠돌며 때론 견제를 당하거나 시기의 상대가 되었을지도 모릅니다. 또 부러움의 대상이 되었을 테지요. 어차피 저는 그들을 잘 몰랐습니다.

　그러나 그들 속에서도 마음이 따뜻한 분들이 있었습니다. 신춘문예 시상식 때 같은 신문 신춘문예 당선된 분들 중 세 명이 나에게 꽃다발을 가지고 온 것이었습니다. 다른 당선자들은 가족이나 친구들이 꽃다발을 가지고 왔지만, 나는 그 누구도 꽃다발을 가지고 올 사람이 없었는데 그분들로 인해 감동을 받은 것이었습니다. 모든 부문에서도 마찬가지겠지만 사람들 간의 교류가 있어야

작가와의 만남

작가와의 만남

지 누군지 알고 그래야 정보도 공유할 텐데 혼자라는 고립이 많은 걸 잃게 했나 봅니다.

　이 세상 모든 것이 그렇듯 장애에는 편견이라는 것이 있습니다. 사회에선 그 편견이 어떻게든 이슈화되고 노력으로 사라지고 있지만 특정한 곳에서는 잘 이루어지지 않습니다.
　문화예술 분야도 그렇습니다. 장애예술인보다 아닌 분들이 훨씬 많은 현실에서 장애예술인은 설자리가 없었습니다. 비장애예술인들은 처음 글을 쓰려고 할 때부터 글공부 모임이나 독서 모임을 통해 글을 배우고 익히고 그곳에서 사람들을 만나 인맥을 쌓아 갑니다.
　그러나 우리 장애예술인들은 혼자 집에서 거의 독학으로 문학 공부를 하고 습작을 합니다. 해서, 인맥을 쌓기가 거의 불가능합니다.
　몇몇 단체에서 들어오라고 해서 참석해 보았지만, 장애가 있는 장애인들은 이동에 자유로움이 없기에 어떤 일에도 참석할 수가 없었습니다.
　자연히 그 모임에서 잊혀 갔습니다. 또 단순히 모임에 참여하지 못하는 것뿐만이 아니라 문인들 간의 교류가 없었기에 저를 아는 사람은 극소수였고 그래서 외면 아닌 외면을 받았습니다.

　장애라는 것이, 벽을 만든 것은 아니지만 보이지 않는 벽이 된

현실에서 갇혀 있는 듯 느낍니다. 이런 느낌을 받은 건 저뿐만은 아니겠지요. 그러나 어쩌겠어요. 이것도 즐길 줄 알아야 한다고 봅니다. 즐김이 있어야 기쁨이 있고 기쁨이 있어야 좋은 작품을 쓸 것이니까요. 그래야 좋은 작품 앞에서 모두가 감동하고 공감할 거니까요.

저는 믿는 게 있습니다. 그것은 바로 진정성과 실력입니다.

장애문인이라고 그저 그런 글을 쓰는 것이 아니라 일반 작가들보다 더 뛰어난 글을 써서 그들이 글 앞에서는 장애가 없구나, 하는 생각을 심어 주고 싶습니다.

힘들고 어려운 일이라는 걸 잘 압니다. 그러나 우리 장애예술인들은 장애라는 숙명을 받아들이고 이 숙명을 실력으로 극복해야 합니다. 그것이 우리의 운명이니까요. 깨고 나가야 할 굴레이니까요.

우리 모두 힘을 냅시다. 그래서 더 좋은 작품을 씁시다. 나를 위하고, 우리 장애인들을 위해서.

나의 길을 다시 생각하다

 글을 쓰고 책을 출간하면서 나만의 길이 무엇일까, 늘 생각했습니다. 얼떨결에 쓴 「조국에 핀 도라지꽃」이 이런 생각을 갖게 했습니다.
 책을 읽을 때 장편소설이나 대하소설을 좋아했습니다. 보통 열 권이 넘는 책들이었으나 한 장 한 장이 쌓여 한 권이 되고 그 한 권이 쌓여 마침내 열 권이 되는 과정이 너무나도 찬란했습니다. 책이 방대해서 글 속의 사람들도 많았고, 이야기도 풍부했습니다. 배울 것도 참 많았습니다.
 대하소설을 쓴 작가들은 투철한 작가 정신이 있는 것 같았습니다. 글 한 자 한 자마다 혼을 불어넣은 듯 알싸한 그리움이 배어 있는 마침맞은 글은 머릿속에서 오랫동안 남았습니다.
 지금까지 내가 출간한 책을 생각해 봅니다. 처음 출간한 「엄마의 얼굴」, 「우물 속의 거북이」까지 쉼 없이 달려온 여정이었습니다. 저는 잘 알려지지 않은 의미 있는 인물을 중심으로 글을 쓰려

?

대만, 타이중(조명하 의사 의거지)에서

고 노력했습니다. 그래서 「약봉 서성과 어머니」, 「타이중의 메아리, 조명하」를 썼습니다.

  조선 시대 현모양처를 꼽으라 하면 모두 신사임당을 꼽지만, 약봉 서성의 어머니 이씨부인(금옥)은 어릴 적 하인의 실수로 부자탕에 세수를 해 시각장애를 얻었음에도 아픈 남편을 위해 약밥과 수정과를 만들고 아들 서성을 올바르게 키운 인물입니다. 서성은 과거에 급제해 높은 관리가 되고 그의 아들들도 과거에 급제했습니다. 가난한 이들에게 재물도 나누어 주었습니다. 딸들도 왕가의 며느리가 되었지요. 달성 서씨 집안은 조선 시대 대과에 200명이 넘게 합격했습니다.

  조명하 의사도 잘 알려지지 않은 인물입니다. 대만에서 홀로 천황의 장인인 '구미노미야 구미요시'를 저격했습니다. 그 후 '구미노미야'는 조명하 의사의 단도에 묻은 독 때문에 시름시름 앓다 죽었습니다.

  병으로 고통받고 힘들어하지만, 지금은 잊혀져 가는 사람들을 위해서 「나룻배 노을과 소록도 사람들」 같은 작품도 썼습니다. 지금의 동화와는 너무나 다른 작품들입니다.

  '그래서일까요?'

  저의 동화는 어린이들에게 큰 주목을 받지 못하고 있습니다. 재

조명하 의사 의거지 표지판

양산시립 중앙도서관 '작가와의 만남' 현수막

문학을 요리하는 작가 한상식

미와 흥미를 위주로 하는 요즈음 책들과는 거리가 멀고 다소 어렵기 때문입니다.

　얼마 전이었습니다. 「나룻배 노을과 소록도 사람들」을 주제로 강연을 하는데 어떤 독자분이 질문을 했습니다.

"안녕하세요, 작가님. 저는 작가님의 책을 여러 권 읽었는데 책이 너무 슬퍼요. 「조국에 핀 도라지꽃」도 그렇고 단편동화집도요. 「나룻배 노을과 소록도 사람들」도 슬퍼요. 이유가 무엇인가요?"

전 적잖이 당황했습니다. 무슨 말을 해야 할까 싶었습니다.

"이유는 없고요. 음… 지금의 많은 작가님들이 예전과 달리 재미나 흥미 위주의 글을 많이 쓰셔서, 저도 의미 있는 글을 써야겠다고 생각했습니다. 어쩌면 문학은 힘들고 어렵고 아픈 사람들을 위해 그들의 이야기를 대신 말해 주어 많은 분들께 알리는 역할을 한다고 봐요. 저는 거기에 충실히 하려고 노력을 한답니다."
"그렇군요. 저도 다른 강연도 가 보고 했는데 그런 분들은 잘 없었어요."
"아니에요. 우리가 모르고 있을 뿐이지 그런 작가들 종종 있어요. 독자님들이 모를 뿐이랍니다."

그렇게 에둘러 말은 했지만, 집에 돌아와서는 자꾸만 쓸쓸해졌습니다. 독자들이 다 느끼고 있는데 거짓말을 한 건 아닌가 싶었습니다.

　제가 처음 책을 읽고 감동을 받고 문학 공부를 하기 시작한 때가 벌써 30년 가까이 되어 갑니다. 그때는 지금과 문학의 방향이 너무나 달랐습니다. 동화도 마찬가지였어요. 순수함이나 서정성을 추구하는 동화는 한 편의 시 같았고 소설도 사회적 성향이 강하게 스며 있었습니다. 나는 그런 책들을 읽으며 문학의 순수성을 추구하는 것이, 글의 본령이구나, 하고 믿었고 다들 그런 줄로 알았는데 시대가 이제 흥미와 재미를 추구하는 방향으로 흘러와 버렸습니다.
　하지만 이것도 틀림이 아니라 다름일 뿐이라 생각됩니다. 책보다 재미있는 것이 많은 요즈음 글이 재미라는 사탕마저 잃어버리면 독자와는 영영 결별해 버릴 테니까요.
　나의 길을 다시금 생각해 봅니다. 늘 생각해도 답이 없는 아련한 길이지만 언젠간 그 길이 저를 맞아 줄 거라 믿습니다. 설령 그렇지 않더라도 나는 나의 길을 포기하지 않을 겁니다. 모든 이들에게 꿈과 감동을 줄 글을 쓸 거라는 각오와 함께 한 걸음 한 걸음 걸어갈 것입니다. 누구 하나 대답하는 사람이 없어도 홀로 피고 지는 들꽃처럼 말입니다.

　저는 홀로 문학을 공부하며 책을 읽고 글을 썼습니다. 그러다 솟대문학을 만나 시를 쓰며 문인의 길로 들어섰습니다. 참 힘들고 어려운 길이었습니다. 누구 하나 가르쳐 주는 사람 없이 홀로 가는 길은 외롭기도 했습니다. 중간에 그만둘까, 하고 생각도 했지만, 장애로 인해서 할 수 있는 일이 제약되어 있었습니다.

외면하고 또 외면하고 그러다 결국 다시 책을 들었습니다. 다시 책을 읽었습니다.

그러다 참 문학을 하는 작가들의 책을 읽게 되었습니다. 자신의 온 일생을 문학에 오롯이 투신한 작가들은 너무나 숭고했습니다. 나도 그분들처럼 좋은 글을 쓰고 싶었습니다. 노력은 끝이 없었고 괴로웠지만 견딜 수밖에 없었습니다. 숙명 같았기 때문입니다. 긴 어둠을 시간이 지나고 잠깐 밝음이 있었지만, 또 어둠이었습니다.

그러나 지금은 책을 출간하고 독자들을 만나면서 기쁘기도, 책임감 같은 것도 느낍니다. 혹, 제 글이 독자들에게 의미 없는 빈 쭉정이가 될까, 걱정이 되고 더 좋은 글은 어떤 글일까, 하고 고민도 합니다. 요즈음에는 작은 소망도 생겼습니다.

저의 책을 읽고 감동을 받고 더 많은 책을 읽는 사람들이 많았으면 하는, 생각해 보면 제가 여기에 있기까지는, 보이지 않는 사람들의 많은 도움이 있었다고 생각합니다. 그분들을 위해서라도 더 좋은 글을 쓰겠습니다.

오래 남는 글을 쓰는 것이 마지막 소원

이 세상 누구에게나 소원이 있을 겁니다. 그 소원은 때론 살아가는 힘이 되기도 하고 괴로움이 되기도 합니다.

저도 그렇습니다. 장애로 인해 사회적으로 누릴 수 있는 것을 누리지 못하고 늘 그늘에서 살며, 비장애인들이 누리는 것을 부러워해야 하는 삶이 슬프기도 했습니다. 어차피 우리에게는 주어진 생명의 시간이 있고 이 시간이 다 하면 되돌아올 수 없는 여행을 떠나야 하니까요.

문학 즉 글을 앓고부터 전 조금씩 달라지기 시작했습니다. 그것은 책으로부터 오는 고요한 믿음 같은 것이었습니다. 책 속에 있는 수많은 인물은 모두 나의 스승이었고 또 친구였습니다.

겨울나무처럼 늘 외로이 있던 나에게 글은 큰 위로였고 꿈속에서도 같이 숨을 쉬었습니다. 그리고 그 글을 쓴 작가나 시인은 동경의 대상이었죠. 감동적인 작품을 읽으면 저도 문득 글을 써 보고 싶다는 충동이 생기기도 했습니다. 그리고 혼자 조용히 글을

양산시립 중앙도서관에 마련된 한상식 작가 도서대(圖書臺)

쓰곤 했습니다. 아주 오랜, 인고의 시간이었습니다. 내가 읽고 감동을 받은 그런 글을 써서 나도 누군가에게 감동을 주고 싶었습니다. 그러나 그것은 쉬운 일이 아니었습니다.

처음에는 내가 책을 낸 것이 그저 신기할 뿐 다른 생각을 가질 여유가 없었습니다.

그러나 책을 출간하면 할수록 무언가 부족했고 부족함의 갈증을 느끼기 시작했습니다. 이 책이 누구에게 읽힐까, 감동은 줄 수 있을까, 어떤 느낌으로 남을까 등 여러 생각에 빠졌습니다. 내가 힘들고 외로울 때 책을 읽고 위로받았던 글을 쓰고 싶었습니다.

여덟 살 꼬마가 저의 책을 읽었다고 강연에 와서 눈을 반짝이는 것을 보았습니다. 작은 도서관 관장님은 이 아이가 이곳에 있는 책을 모두 두 번씩 읽었다고 했습니다. 학원도 가지 않는데 공부도 1등 한다고 했습니다. 나는 아이에게 물었습니다.

"책이 재미있니?"
"네, 재미있어요."
"공부해야 하는데, 책 읽을 시간이 있니?"
"전 책을 읽어도 1등도 하고 2등도 해요."
"그럼, 2등 할 때 아쉽지 않니?"
"아니요. 열심히 했으니, 괜찮아요. 전 제가 몇 등을 해도 상관없어요."

양산시립 서창도서관 '작가와의 만남' 표지판

작가와의 만남

아이의 말에 전 참 많은 것을 느꼈습니다. 집에 와서 오랫동안 그 아이의 말을 되새겨 보았습니다. 그리고 결심했습니다.

시대의 흐름을 따라가는 가벼운 글이 아니라 오래 남을 글을 써야겠다는, 그래서 누군가 내 글을 보고 나와 같이 글을 쓰며 아이들에게 희망과 꿈을 이야기해 주었으면 합니다.

내 소원은 단지 이것뿐입니다.

한상식

구상솟대문학상 최우수상(2003), 대상(2007)
대한민국장애인문학상 시(2003), 동화(2006)
근로자문학제 대상(2004)
국제신문 신춘문예 동화 당선(2005)
민들레문학상(2011)
순리원아동문학상(2018)
시흥문학상(2022)

시집
· 어떤 중매(2013)

동화모음집
· 행복한 숲(2017)

단편동화
· 엄마의 얼굴(2020), 양산시 올해의 책 선정(2023)
· 등 굽은 나무(2021)

장편동화
· 조국에 핀 도라지꽃(2021), 올해의 소년한국 우수 어린이 도서(2021), 청소년 북토큰 도서(2022), 양산시 올해의 책 선정(2023)
· 타이중의 메아리, 조명하(2023), 한국아동문학인협회 주최 전국어린이독후감대회 우수 추천 도서 선정
· 나룻배 노을과 소록도 사람들(2023), 행복한 아침 독서 선정
· 약봉 서성과 어머니(2023)
· 우물 속의 거북이(2024)
· 운동장 반바퀴(2025 출간 예정)
· 로하(2025 출간 예정)

그림책
· 말썽꾸러기 송아지 달이(2022)
· 까돌이의 새 이 찾기(2024)

한국예술인복지재단 창작지원금 수혜
한국장애인문화예술원 창작활성화지원금 수혜
경남지역 문화예술육성지원사업 선정 등